QUE EL RÍO RESPONDA
Antología poética

CARMEN VERDE AROCHA

QUE EL RÍO RESPONDA

Antología poética

VISOR LIBROS

VOLUMEN MCCLI DE LA COLECCIÓN VISOR DE POESÍA

FUNDACIÓN PARA LA CULTURA URBANA

ANIVERSARIO FCU

Isaac Peral, 18 - 28015 Madrid
www.visor-libros.com

ISBN: 978-84-9895-553-8
Depósito Legal: M-26060-2024

Impreso en España - Printed in Spain
Gráficas Muriel. C/ Investigación, n.º 9. P. I. Los Olivos - 28906 Getafe (Madrid)

Uno debe rezar
en secreto
...
uno debe rezar
sin dios, con dioses
con el desamparo

Hanni Ossott

Entiendo ese quererlo todo ya vencido.
Es la única manera de olvidar la belleza.

Luz Machado

...difícil es que la gota de miel que arrojas
en tu paladar no te sepa dulce

Ramiro Calle

MAGDALENA EN GINEBRA
(1997)

MAGDALENA EN GINEBRA

I

Bailé en Ginebra
ciudad
de jardines
con olor a mar
silbidos de trenes
y simulados
parajes montañosos
con anécdotas de muerte

A lo lejos una orquesta
de otros tiempos
ha tocado para mí

Mis pies
danzaban en la tierra húmeda
Los eucaliptos
iban hacia el lugar desnudo
El viento
me amaba con violencia
Los pájaros
venían cansados de lo profundo
Y en mi interior

el eco de los pasos
se prolongaba
como una campana de monasterio
que suena con pereza.

II

Ignoraba
que en la vida
había pesadumbre
Creíame eterna
Perversa
Intocable

Entre surtidores
humedecía los pies en las fuentes
de parques con glorietas
Vinos y manjares
extendían mi destino
más allá de los bosques
La ironía de los lagos
diseñaba una vida andrajosa

Caí
Conocí vidrios en el Paraíso.

III

El silencio cerró las heridas
aunque el anhelo era
un temprano despertar
hallar el rincón de una iglesia
con muros entramados
o una extensión de césped
y dormir tranquila
aunque debajo de esas nubes
que parecen protegernos
no existe un sueño para mí.

IV

He burlado desde adentro la noche

Quiero otros paisajes
caminar por la calzada de sus barrios
buscando sus pedazos
tropiezo con mi sombra

Miro los días
no hay aves
ni persona alguna
a quién decirle
que me aflige
ver solo árboles
creciendo de la tierra.

V

El miedo es felicidad
aunque sea estéril
en un campo que perdemos cada noche
los años vienen a la memoria
en el deseo de un hijo
que exalta el insomnio
en este sueño
que me asila o me expulsa
hacia el viento
tenue
sin ruido
cerca de la lluvia
adverso mendigo de las rocas
no hay más hojas en los recuerdos
si lo que anhelo es fertilidad
en las tierras del amor.

VI

Amanece
mi sombra
en el horror
de una luz que no entreveo
risueña
creo que la soledad es alegría
y que este cuerpo

oculto
debajo de la ropa
es como un ciego labrador.

VII

Hay un murmullo
de lluvia
de pájaros
que aparece sin sol
El suelo
recoge los bultos de mujeres
—tal vez hermosas—
sin adornos
penetradas
como el cielo de la noche
en las pupilas de sus maridos
ansiosos
de un destino para sus vidas.

VIII

«Jamás oí alegrías»
dice una voz
que procede de las avenidas
plena de faroles
donde quizás muchos cuerpos

hayan resucitado
en los atardeceres de este día
Los imagino
fatigados
sin comprensión
creídos que son únicos
porque
tienen hijos
a quienes ofrecerles
las penurias

La luna
inerte
fría
habla en las noches
de una infancia
que no deseo recordar.

IX

Crecí en un pueblo
de calles estrechas
de muchas piedras
sus casas eran de barro
y de felices encantos

La infancia fue
entre flores de cayenas
que nunca despertaron de su sueño

Mi madre
nos narraba cuentos de
lechuzas y leones

La casa de madera
sin vitrales
cercada por espíritus
era miserable
en los atardeceres de lluvia
cuando salíamos
para refugiarnos en un auto
próximo a una cuadra de nosotros

¿En qué incesto
los relámpagos los truenos
nos fusilaban lentamente?

Éramos cenizas
nunca cerramos los labios
en ese invierno
que nos hacía desdichados.

X

En Guaicoco
el tiempo era la muerte
nos hundía en el espanto
hablaba por mi boca
o nos mordía el sueño

murmullo
de sayonas espíritus y muertos

La soledad era
higuera escondida
detrás de los árboles de mango
el viento sacrílego
pasaba por las calles
arrasando
restos de ropas
hojas laceradas
residuos de comida
dejaba húmedo mi cuerpo de niña.

XI

Todo corre de no estar en este tiempo
comienzo a sentirme sin ánimos
cuando olvido
lo que fue primero
si los llantos de niña
en los brazos de mi madre
—cuando todos
iban por las calles
golpeándose
en señal de penitencia
representando
el camino al Gólgota—
o la triste altura de aquel hombre
que me humedeció de penas y rencores.

XII

Tengo arenas en el iris

Vestida de novia
o de siempre
avanzo
sin un velo
que proteja los ojos
del ayer
de una niña de mármol
y veo todo
todo lo que es fábula
con lágrimas de muerte
de manos quemadas
como quien avanza
después de muchas leguas
de fuego
del fuego de mi infancia
la infancia que soñó mi padre
padre por eso el cielo
es indiferente
dime cómo debo recordar
tus ojos de odios
el jueves de un diciembre
de lluvias dulces
sin la invocación de un niño Jesús
que vengara la tristeza

Nuestra infancia tiene algo de sepulcro
y la adolescencia
esa momia que encuentra una herida
en la oración
oración que evoco en este verde
silencio de labios terracota
plenitud
de medias de nylon
en piernas de pétalos yermos.

XIII

Jesucristo
leía el futuro a destiempo
limpiábame de pecado
el vientre tibio
los labios teñidos
la cicatriz de la muerte
Era mentira
yo anhelaba
acostarme en muchos cuerpos
ser adúltera en la Cruz
ver el cielo carcomido por hormigas

El hallazgo
fue de piedras
seguí envejeciéndome
adivinando

un destino de tiempo sin soplo
y de humo acre

Refugiada
contemplo
el huerto de una casa
fría tarde de invierno
sueño detrás de mí
a un mundo en ruinas

Allí está el Ródano
he perdido sus rastros.

XIV

Arrodillada digo unas plegarias

Misericordia
suspende mi voz
a la altura de los grillos
mientras escucho a Mozart

Piedad
escóndeme la sed entre la hierba

Compasión
mira cómo el odio
roza la juventud   roza mis párpados

Castidad
«¿Qué mujer
no ha tenido amantes
en este siglo desdichado?»

Pecado
que tire la primera piedra
quien no despierte
añorando el abrazo de una piel

Resurrección
¿Serás feliz si te espero en harapos?

Voluntad divina
¿No he perdido los ojos?

XV

Soy un triste camino
no límite de castidad y lujuria

Tal vez sierva
arena tibia
ante unos nuevos labios que me esperan
—que aguardarán siempre—
En la profundidad de esta habitación
de paredes blancas
escritas con creyones
lápices pintura

de labios china red
he tenido la sensación
de plenitud

No ha sido fácil
adivinar el color
del cadáver de mi infancia
si me creo hechura de alguien
que empieza a descubrirme

¿Qué hago desnuda
en el centro de sus manos?
ahora duerme
y la vida es un viento
que se deshoja
y vuela
como azahares marchitos.

XVI

Tengo los ojos
cubiertos de cal
y el dolor aciago

El frío es afuera

El hombre que amo
es apenas
una cinta blanca encima de mi cuerpo

¿Cuánto pesa su silencio?
Atemoriza
la sedosa malignidad
que lo acompaña
Viene mudo
Es lluvia
sus labios crecidos
suavizan mi dolor
Nuestros cuerpos tienen brillo
en la insolencia de un pasado

El deseo
adentro
en mi cielo
se queja
como fiera de bosque
me desgasta.

XVII

Los años siguen su curso

Despierto
en el rincón de una plaza
llena de mendigos
prostitutas
viajeros
locos
buhoneros

niños que venden boletos
y escucho los autos
los ruidos de las motocicletas
y el quejido de los hombres
en otras sábanas
en otros puertos
en otras ciudades
En el cielo
ellos juegan ajedrez
desnuda me elevo
a cambio de un sudario
que guarda una infancia perversa
falta una sonrisa confortable
Completar el tablero.

XVIII

Detrás de las estrellas
sigo sentada en medio de la nieve

Estoy segura de que
el amor
surgirá de la montaña más elevada
que sueño para albergarme
y abarcar
la totalidad del silencio
Amor de agua
amor de sol
amor de tierra

amor de bejucos florecientes
amor de hielo
amor subterráneo
amor mínimo
amor desmesurado

Lo inventamos para destruirlo.

XIX

No hay sortilegio
ni luna
en este invierno
solo líquenes
en la tapa del libro
en el que leo
los nombres de aquellos
hombres y mujeres
que convirtieron mi felicidad
en una sola carne

Apretaron
los nudillos contra el vientre
ni un sacrificio
son apariencias
perdieron claridad

Poseo otros secretos.

XX

Mis amantes son magos
en las noches
llevan franelas con corbatas
y pantalones
para cubrir sus vientres de oro
Ellos tienen fantasías
con actrices
duermen con los dioses
se orinan en las anchas avenidas
in memoriam Rousseau
se hospedan en hoteles sin historias
depilan mis piernas
hasta dejarlas sin huellas
con grietas
a otros deseos

Mis amantes rezan en un templo
llenan sus muros con perfumes
y me hallan vacía
Mis amantes son magos con brazos de nardo
usan crucifijos
y se molestan
en mis días de tristezas
cuando
anhelo el sabor despacio de la lluvia
y el olor de los eucaliptos sin hojas.

XXI

Acá en Ginebra
Otra vez en este invierno
sin ningún adiós

Una mujer recoge
tulipanes
hasta formar un ramo
que deposita sobre mis pies

Arrojo de sus manos el veneno
Le ofrezco mariposas negras

El cielo de la noche
se viene adentro de mis ojos

Tengo los zapatos en las manos
El cabello húmedo

Enciendo el único cigarrillo que me queda
Cae la nieve.

(Guaicoco, 1992 - Madrid, 1994)

CUIRA
(1997)

MI ALMA SE HA IDO A COMER PIÑA

Si mañana o pasado oigo que me llaman Carmen con un grito de mujer negra tallada en madera; si me dan ganas de pintar un bailarín de pardo ojo bizco en este cielo turquesa, de coronar a Francisco, a Leonarda, sombras de gracia, cansados de estar siempre en octubre sobre montañas de aguas verdes. Acaso la marejada del Cuira se adentra libre, conjura el deseo, las constelaciones del vientre, el soplo de los cañaverales y el miedo de que mi sangre se quiebre.

Mi alma se ha ido a comer piña.

Ella es una camisa
que llevo puesta al revés,
y dice palabras extrañas a los hombres.

Nunca imaginé
mi alma es amarilla,
y tiene la inquietud de las nubes.

HE RECIBIDO OREJAS Y MIEDOS

A Juan Sánchez Peláez

Mi padre aparece en el Cuira con el frío en los huesos, y la piel seca como hojas de topochos cuando juega a la cebada en el cielo. A nadie le preocupa ahora dónde está mi padre. Él vive en un lugar anterior a la muerte. A veces voy a su río a beber un vaso de agua o le escribo un padrenuestro. Lo lastimoso, su carne impasible al borde del verbo.

He recibido orejas y miedos.

En una tarde calurosa como ala de cuervo
he soñado mi espanto.

La tos recoge sol y tormenta
dentro de la copa de mi madre; dibuja signos y cábalas
en el cuarto vacío de mi padre.

Entonces,
por qué el adiós,
por qué las flores,

y la piel una fogata con el temor
de quien muerde el fruto del cordero.

EL CORDERO ES PAN

Las olas, como plumas de pájaros, rientes, se extienden al costado de esta oceánica peripecia de saberme ciega sobre una balsa. La sal, apostada en mis pies, quita el rojo de mis uñas. Un niño de belleza amarga, vestido de blanco, sube del río, trae unos crisantemos amarillos en las manos. Es un encantado. Las ánimas descansan en paz.

El cordero es pan
en mi mesa. Camina sobre los manteles
cuando recoge el amarillo
del verano.

Tengo sed
y solo hallo la misericordia
picoteada de sol.

Una culpa de fuego
asalta mi vientre

con las iniciales,
y las manos limpias para la cena.

ARRODILLADA

El agua echa una ojeada a la muerte. De qué nos sirve mirar tanto hacia arriba; la claustrofobia está detrás del cielo. ¿Qué hago con estos pelícanos en las manos? ¿Por qué palidecen? Tengo los huesos llenos de peces. Ahora sé cómo viven las olas, por qué soy la hija mayor del padre. El olor a carbón para siempre, en este río que no tiene término.

Arrodillada
creyéndome álamo desnudo
y con el peso del cielo.

Un charco de junio
busca mi rostro,
se burla igual que los muertos
de mis manos.

Una soledad larga y cercana
como una luz de mayo
es mi adiós.

Estoy sola con mis voces,
con los gestos que viven de lo añorado,

en este barro que me hace feliz.

LA BOA

Una mujer que puede ser Carmen camina sobre las olas. Lleva el cabello largo y los labios de rojo cabernet. Tiene trece años y baila desnuda detrás de las gaviotas. Busca a su hijo extraviado en el Cuira; él fue tras los duraznos. Este es un río de muchos peligros, porque los encantados roban a los niños que están sin bautizo.

La boa
camina
adentro
de mi cuerpo,
primero
roe la garganta,
después
un escalofrío en las venas,
sus pasos callados
inflaman el estómago,
prenden soles,
vomitan sapos
que bañan las riberas,
y los pájaros
son fabulosos con sus gritos.
Es sofocante la tarde.
Nacen los muertos,
y la boa
en el intestino
hecha cielo.
Un pedazo de carne
que intenta tragarse la tierra.

En silencio, sufre.

EN LA CALLE ROSA MARÍA

Tengo una venda en el plexo solar. Algo amarillo insiste en tocarme. Dos niños blanquísimos cosen mi vientre. Me duele. Acepto la herida. Estoy acostada, el Padre encima, y la casa de madera sobre los truenos. Un oleaje seco pone arroz en mi carne, en la carne de arroz que nueve meses fue Cristo. Cicatriza el nombre, y no levanto objetos pesados para evitar las huellas. Tu palabra sea única. Es mi noche de bodas.

En la calle Rosa María
la infancia
tiene algo de sepulcro.

A veces
el cordero
atraviesa nuestros cuerpos,
y la virtud
es escarbar en la tierra
(como si fuéramos perros)
un alacrán
que duerme
en el mundo de los muertos.

AMENTIA
(1999)

Da vergüenza
dormir en oración,
pero el sueño nos vence.
Cerramos los ojos
y aparece un lago
por encima
del cielo.
A veces,
no despertamos nunca
y quedamos desde siempre
atrapados
en la misericordia de escribir.

A Luis Gerardo

REGINA COELI
(Hacienda Las Marías, entre La Rubia
y la carretera vieja de Santa Lucía)

EL PEREJIL EN AYUNO

I

Hay que despertar a la tierra.
Quitarle el lunar de los ojos,
para que los muertos
no se mezclen con ella.

Camino despacio.
Lentísima
sobre la arena
que lleva a la Hacienda Las Marías.

Da sed
orar en esta calle.
Puedo oler el musgo,
las raíces podridas.
Tengo las pestañas quietas.

Permanezco
con el cuidado de no tropezar

las tumbas,
ni las hierbas,

en este andar silencioso,
como si estuviera listando piedras
o sembrando tubérculos.

El aire está pleno de huecos;

y los parásitos limpian
para que mi cuerpo
regrese sobrio a la vida.

AMENTIA

(Iglesia de San Pablo, subida de Carballo en Guaicoco)

VISITACIÓN 1

Sabía que vendrías al Convento.
Bienaventurada
entre todas las mujeres.
¿Qué deseas?
¿Acaso buscas a tu hijo?
¿Qué harás con el cordero?
¿Por qué finges?
No es adecuada tanta pureza.
Adentro de ti
sucede lo mismo que afuera.

¿Tú eres Regina?
Deja el alma de tu padre
y perdona a tu madre.

La piel se pondrá tibia.
Dame el sombrero,
el abrigo y la foto del hombre. Quizás aún muere.

La fe es tuya.
Dios es tuyo.

Es necesario cubrirse los ojos y
seguir el camino elegido.
El arroz huye del hambre.

¿Tú eres la madre de quién?

«Ella era una mujer con un pañuelo en la cabeza.
Tenía trece años, cuando decidió tomar albahaca;
desde entonces duerme
con el azulillo en los labios»

dije al hombre
que buscaba tu cuerpo. Él estaba nervioso,
le dolían los huesos, sudaba en las manos.

El cielo se esconde
debajo de los candelabros.

El cráneo de Dios está echado en el suelo,
mientras
cubres tus piernas
con medias de nylon gris
para disimular
el sueño
narrado por tu madre a los tres años.
La piel te lastimaba.

¿Por qué no acaricias
esos muebles forrados
de seda mate?

En esta iglesia todo es lujo.
Observa las cortinas
de ciberlina,
y las ardillas turquesas
que suben al cielo.
Tu anhelo es curarte.
Está bien. Hazlo pronto.

REGINA COELI

(Hacienda Las Marías, entre La Rubia
y la carretera vieja de Santa Lucía)

ALBAHACA PURÍSIMA

V

Todo es verde sobre las montañas.
Cuando los perros van a misa,
¿quién reza en mi entrepierna?

Los niños tienen los ojos cerrados.
Así son los que viven en la Vuelta del Gato,
como si colgaran de los árboles.

Se tiene frío.

El mar se muda a otra playa;
hay confusión en las palabras.

El cuerpo anestesiado era el mío;
por eso vine a recorrer estas calles.

Todos estamos abrigados
dentro de este auto oliva

el oliva del ángel
que con su voz de madera,
a los nueve años me dijo:
—Estás rota
Aún lo sigue diciendo.

AMENTIA
(Iglesia de San Pablo, subida de Carballo en Guaicoco)

VISITACIÓN 2

¿Quién comenta los Salmos
sentado en una silla de mimbre?
¿Escuchas su risa,
la voz es de madera?

Tus palabras son de menta.

Déjame limpiar tu rostro
con un poco de algodón.

¿Por qué aceptas y perdonas
a un hombre
que ama profundamente
la música?

Caminas rápido. Sonríes.

Te aproximas al hombre
de respiración lenta,
pelo oscuro,
perfil recto, mejillas delgadas.

Él te espera,
entre sábanas y edredones,
vestido de novia,
en la cama del metal dorado.

Escóndete.   Allí viene el arcángel
con su mirada
cubierta de manchas.

Qué hermosa eres,
en los reflejos
del cabo de esta vela.

Dolorosa y bella imagen
tu carne arrugada
por el paso de los años.

Si Dios aparece
ebrio
en esta iglesia
¿qué harías?

Desde el zaguán
te observo apoyada
en un sofá
tapizado de cuero.

El hombre que buscabas
duerme sobre el purgatorio.

¿Qué miras con benevolencia?
¿Acaso el cielo te conmueve?
La vida apesta.
Huye sin nada que te cubra.

REGINA COELI

(Hacienda Las Marías, entre La Rubia
y la carretera vieja de Santa Lucía)

LA YERBABUENA ANTES DE LA ANUNCIACIÓN

VIII

El recuerdo de María Silva
es duro en el sueño;
de niña, ella me leía el libro del *Apocalipsis.*
Yo anhelaba abrazar el hábito
para salvarme de la bestia.

El recuerdo da miedo.
        Esto me obliga a vestir de blanco.
Las jóvenes siguen danzando.
Es flamenco lo que suena;
de nuevo los zapatos
y el desfile de tigres. Son animales feroces;
pero la tierra está blanca, eso los duerme un poco.

Tengo sueño.
Son seis o nueve las que bailan.

El novio espera a su amada.
El novio está dibujado en la pared
y lo ignora.
Simula estar ebrio.

Llegan los fantasmas
a bailar con las niñas. ¿Quién se casa?
Los vecinos se acuestan temprano
para que el viento crea que ellos duermen.
Así no preguntará por la novia.

AMENTIA
(Iglesia de San Pablo, subida de Carballo en Guaicoco)

VISITACIÓN 3

Regina, aquí tienes la llave materna.

La tierra
fue hecha con un pincel tembloroso.
El golpe sube a los pómulos.
La quietud llega con un misterio de avispa.
Te dejaré una lámpara de aceite
encendida,
así no envejeces.

¿Quién te habla en voz alta?
¿Quién dice aleluya?
Cierra los vidrios,
el arcoíris no debe entrar por la ventana.
Que el frío no se acerque demasiado a las escaleras;
y tú intacta
hasta la coronación en el cielo.

¿Por qué sufres?
¿De qué te operaron la última vez?
¿Por qué te delineas los labios?

Las hormigas comentan el miedo
de tanto encierro en estas paredes.
El perdón es rústico
como tu vestimenta.
Tu hijo extraviado,
las hormigas de luto,
el remordimiento en tu cama.
Ven.
Siéntate en esta silla de cuero.
Hoy he ido de compras.
El echarpe en tu espalda es de cobre.

¿Por qué tanto silencio?
Nunca tendrás manos, ni la esperanza de escapar.
¿Quieres sosiego?
Descansa Regina, admite tu culpa.

Las capillas laterales se hallan
en completa oscuridad.
El Altísimo dirá
¿por qué las piedras saben a mango?
Nunca quedaste embarazada del hombre.
Respira profundo.
¿Cómo se mueven los mártires?
Pareces una orquídea hincada
delante de un muro.
El resquicio
está abierto por roedores.

Tu cabeza está apoyada sobre el paraguas cerrado.
En esta iglesia oscurece.
Cierra los ojos y duerme.

Relaja la cadera al momento del parto.
Evita que degüellen el cordero.

REGINA COELI

(Hacienda Las Marías, entre La Rubia
y la carretera vieja de Santa Lucía)

EL CILANTRO DESPUÉS DE LA COMUNIÓN

X

¿Dónde reúne el arroz mi madre?

Ella durmió mientras transcurría la infancia.
No se dio cuenta
cuando nos pusieron el pedazo de rabia
en las piernas.

El dolor está disfrazado de mosquito.
El gato subió al muro de la iglesia.
        Allí el frío.
        Allí una mujer en la alcantarilla.
Ella gemía mariposas.

Los hombres entraban
con las caras pintarrajeadas.
        Ella gemía mariposas.

Los hombres tenían
las barbas escrupulosamente
cubiertas de servilletas,
        ella gemía mariposas.

Ellos se acercaban hinchados de tanta oración.

Solo para clientes Lir. Dice el profeta
o el aviso.

La caña de azúcar. Las manos lastiman
de tanto remover la tierra.
Busco a unos parientes.

AMENTIA

(Iglesia de San Pablo, subida de Carballo en Guaicoco)

VISITACIÓN 4

Primera lectura del Santo Evangelio.
Un lago descansa arriba
del altar,
tres jóvenes se bañan risueños,
mueven sus cejas pobladas,

en el fondo los sainetes.
Cuarenta manos en una rama negra.
Bendita sea tu pureza.

Acá todo es misa.

Luego de la salida del amor
te quedaron los ojos
con un olor a cuero;
el río va guardado en tu vientre.
A los nueve meses nacieron los gallos.

Estás pálida, ¿qué tienes?
¿Te duelen las monedas en la garganta?

¿Por qué acudes
al entierro de las avispas?

El hombre dejaba la puerta abierta.
Lamía tu cara.
Dibuja ciertos detalles.
Nosotros hacíamos una reverencia.

El hombre bebía,
Bebía mucha cebada.
Te buscaba en sus pies,

y lloró cuando encontró
una moneda en su ombligo.

VISITACIÓN 5

Esta iglesia se encuentra apoyada
sobre una montaña.
Así que no hagas ruido,
debemos evitar que se caiga.
¿Qué escondes?
Acá el abrazo de las aves. Allá los peces mezclados.
¿Qué hace el anciano al final de las escaleras?
¿Él espera por ti?
No te muevas tanto, la iglesia podría caerse.
¿Dónde están las concubinas?
¿Qué hicieron cuando lavaron tus pies con aceite?

¿Eran tres o dos?
Ellas reían, hablaban de hombres,
de la suerte de usar amuletos
y del amor de los gallos.

Toda la tarde llovió. El mar te dejaba
las uñas blancas,
el cabello muy limpio,
los pies descalzos hasta la consumación de la carne.
¿De qué se alimenta el viento?
¿Por qué el cielo nunca dice qué quiere?
En la mañana retiraste toda la sal del agua.
Preparas dulce de naranja con ella.

Te duelen las piernas,
la iglesia promete no amanecer nunca.

MIELES
(2003)

DEVOCIONARIO

Levantar la alfombra y escribir debajo
con la rodilla inclinada.

Un pergamino púrpura se ha perdido,
hay que hacer uno con letras de anís.

¿Debemos pesar el alma?
«No hay que aspirar a tanto», decía la tía Consuelo.

La mentira sea transformada en una verdad
y que no lastime los recuerdos.

En ocasiones es suficiente,
ver la luz de los candelabros
al momento de amar.

Quisiéramos que el día fuera la noche.
Ojalá la noche se pareciera a un racimo de uvas,
comerla despacio, no tener hambre
hasta la mañana siguiente.

En algún lugar está escrito
que el hombre y la mujer sean uno.

¿Quién cuida un niño en su vientre?
¿Quién canta cumpleaños
cuando lleva en la frente a un niño?
¿Quién alimenta un niño en sus rodillas?

Son muchas las voces que recorren la vida de una.
Varios los adioses.

En este siglo las mujeres usan portafolios,
allí llevan consigo al amante.

Así es la voluntad,
la salud, de tanto decir una plegaria
con sabor a perejil, a eucaliptos recién cortados.

Imposible asir el dolor colgado
de una tela metálica.

Devolverlo a la montaña es lo correcto.

En un devocionario se lee:
«Una concubina fue la primera
mujer en el mundo,

también la madre de Dios».

LA CONCUBINA
(Primera versión)

La concubina vive cerca del Monasterio

en un pedazo de tierra
escogido para guardar los secretos de la tarde

y doblar la tarde como si se tratara
de un vestido largo con grandes pliegues

Se levanta temprano
va descalza a la montaña para ocultar el odio
debajo de una palmera
Nunca ha olido el perfume de las flores secas

Siempre lo mismo
el pecado retenido entre el cielo y los labios
esperando un cambio de luna
para acercarse a Dios
ofrendar un té
de yerbabuena ovejas y leones

quitarse un poco de ojos de oído de palabras
todo aquello que estorbe en la oración
Por eso nunca está de cumpleaños

De pie con la espalda hacia la puerta
espera la edad de los días

La casa de la concubina grande y espaciosa
no tiene nada que envidiarle al Monasterio

Una casa que caída varias veces
luego vuelve a edificarse

¿Qué es lo impuro?
Preguntó la última vez
que venía de pedir perdón

traía consigo un mandato

—Hay que silbar a los perros
y que nuestra sombra
esté lista al momento de amar

La concubina disimula
al ver su cabello ceniciento
Siempre hay un hombre que vive
en la casa con ella

saca el hierro de su cintura
cava hondo
y le recorre el destino

El humo se sostiene en el aire

la canela en las manos
y milímetro a milímetro la serpiente va debajo
de la tierra

mientras ella de regreso
lejos de todo reproche
canta:

El amor
siempre lo sueño
con un pájaro en los dientes
y el aire eleva
una a una sus plumas de colores
Esto ocurre en el alma.

Y ve en el espejo blanco
alzados sus brazos
el pulgar cerrando sus enormes ojos negros

Afuera se oía:
«Vida después de la muerte»

era el amolador cruzando la calle

«Hay muchas maneras de amar»
Piensa.

Y cierra la puerta de los cuartos.

MIEL PARA UN CABALLERO

(Primera versión)

Hay un caballero con grietas en su armadura,
un adivino
de movimientos lentos
que camina de perfil.

Con una escalera en la mano derecha,
la mente disfrazada de lluvia,
recuerda cómo los niños se alejaban al verlo;
él los saludaba en su cuerpo de piedra.
Tenía hijos, mujer, casa,
a todos amaba desde un solo lado
Él no tenía respuestas, tampoco descanso.

Hay un caballero que saluda con gesto de alacrán.
Quiere practicar la cetrería, el tiro al blanco o la
equitación.

Trae leña. Fuego en la cabeza,
un lamento de pez que no lo deja enamorarse.

Es cruel la sombra detrás de sus orejas,
y las mujeres no se atreven a mirarlo.

La miel, en una tinaja de barro cocido,
se acerca a la hamaca donde él pasa sus horas,
mirando el humo de los fogones.

«No te emociones, miel».
Y él ya estaba enamorado,
lo sintió en un viaje,
cuando dejó que su vida se abriera
como una página de alfombra.

Él se levantó a ponerse sus sandalias
y le resultaron pequeñitas.

Desde entonces, camina con su paso de oso
 y mirada de cal.

Sediento.
Entre el pez y una gota de miel
que le caiga del cielo.

LAVANDERA

En alguna parte de su cuerpo,
la lavandera limpia la ropa
hasta volverla delgada como una telaraña.

El cabello nos llega al vacío.
Lo mejor es limpiar los rastros de huellas.

Todos estamos invitados a la fiesta.

Hay remolachas rojas y amarillas en el río.
Sacábamos del saco la ropa sucia
que venía adornada con un águila de oro.
Bendecíamos el agua.
Luego se invocaría su protección
y así evitar el envejecimiento prematuro.

Las cenizas y un trozo de tuna
para blanquear todo.

Las mujeres se reúnen,
son un punto amargo en cada ropa que se lava.

Es cuidadosa la limpieza.

El amante es colocado en un jardín
en forma de montaña;
sobre un fondo dorado,
decidimos vestirlo después de quitarle el barro.

Que los peces no se lleven las medias.

Y las piedras se alejen de las correas blancas.

Se nace lavandera.
Somos tan parecidas al ave del mismo nombre.

La lavandera boyera
es un ave de color amarillo
que anida en el este de Europa.

Nuestras madres nos bañaban con agua de coco.
Quedábamos marcadas
como si fuéramos clavos aromáticos.

De eso se trata: de ser lavanderas y madres
al mismo tiempo,

de estar pulcras para que el cielo se refleje
en el adiós,
en el dolor.

ALJIBE

A mi abuela Estefanía Arocha

Escríbeme por dentro. Le pedí a mi abuela
la última vez que bebía del río,
el agua entraba en el cuerpo,
se contraían los músculos,
el aliento comenzaba a evaporarse.

¿Cómo pudo vivir tantos años
en un río tan caudaloso?

Es lo que cada mañana me pregunto,
tratando de que el recuerdo
describa sus facciones.

Un día vi que caminaba
de la mano de un hombre por la casa.

«Deja que llueva», logró decirle
y el varón le dejaba ver sus ojos
a través del agua de tilo
que sostenía en las manos.

En las tardes
se recostaba sobre la almohada
a revisar en su memoria
cómo había sido el último beso,

a veces yo trato de encontrárselo. Es difícil
hallar un beso
debajo de tantos recuerdos.

Hay una esfera dentro y lejos del mundo.
Es un elefante que camina
a pasos gigantescos por la casa,

«así es el amor», pienso.
Busco en el baúl de la abuela
los restos de alimentos,
las voces de la infancia
que más nunca utilizó.

Ella se acercaba con su sombrero inclinado,
hacia el mismo sitio donde había nacido.

Tenía pensado perpetuarse,
crecer
hasta que el crujido de los resortes
se confundiera con la melaza.
Quedó muda durante años,

cansada de llevar la misma montura en los dientes:
«Tener dentadura es bueno, aunque solo sea un
pedazo de yeso».
Era su voz que se oía en el cielo.

Cerraba sus labios
cuando la oruga venía a comerse
las hojas de tabaco,
los aviones cercanos arrasaban
con las naranjas viejas.

«Todos vamos envejeciendo»

y nos alargábamos en la pared
como si quisiéramos dormir con
nuestras sombras.

La abuela se aleja con los hombros vacíos,
tararea:

«Acuéstense temprano,
mañana llegarán tarde al colegio».

Aún me veo buscando en su baúl,
aquella sombra que era de mi madre,
de su abuela y bisabuela,
que ocultó durante muchos años;

también es bueno mirarse
en los ojos de la abuela

sobre todo en estos momentos
en que el amor llega
por los cuatro puntos cardinales,

me da miedo recibirlo,

pero lo llevo dentro, susurrándome al oído
que le enseñe a nadar y a comer despacio.

COSTURERA

Los invitados pusieron espinacas
alrededor de la casa.

El perejil quedó debajo de la cama.

Las mujeres se arreglaban los cabellos,
las uñas,
que cada rodilla estuviera en su sitio.

Al rato logré reunirlos a todos,
les pedí que me ayudaran a cortar la tela,
cortes asimétricos, silueta alargada,
en cinco partes iguales.

El más viejo tiene suaves cicatrices en la cara.
Le froté el rostro oscuro
y sus ojos quedaron reflejados en el suelo.
Él se acercaba a mi boca
con su frente olorosa a nardo.

«No te enamores», dice.
La vida va escondida dentro de una tela.

Punto a punto
las mujeres se acercaron unas a otras

como si fueran granos,
quedaría una sola,
una a la que podríamos cantarle cumpleaños.

El vestido con encajes en el borde inferior,
chaquetas para cubrir los hombros,
un cinturón bordado con motivos de saris,
el corte perfecto, las ganas de amar que gravitan
en la punta de hilo que tiembla
y tropieza al borde del estrecho agujero;
de eso se trata, de que todo quede bien cosido,
mezclando diversas texturas,
el algodón, la lana y el nylon.

Las flores están debajo de la tierra,
sobre ella los cabellos trenzados para recordar.
Si no fuera por el peso de la brisa,
diría que nos da miedo sonreír,

lo mejor es que el dolor cicatrice;
el cabello se corte después del parto.

Golpea en el aire el aliento.
El amor llega con el ruido de voz humana
y olores dulces.

El hierro se sostiene solo.

A este vestido morado berenjena,
le falta el drapeado;
fue enviado desde Jerusalén.

Justo apenas cerramos los ojos
llegó la oración con sabor a carpintero,
a madera quemada.
Entonces, estábamos reunidos
sobre el colchón nuevo.

No podemos esparcirnos por el aire,
ni cometer actos impuros.
Era el comentario de los convidados.

Al mediodía
todos éramos mínimos.
El dolor echaba sus primeros tallos.
Imposible asistir a la fiesta.

La costurera parecía un altísimo tronco,
cortaba la muselina,
oía las primeras palmadas.

Esta noche no vendrá el arcángel.
Ha olvidado el camino a nuestra granja.

ADOBE

Nos paramos en la puerta del mercado
a esperar que dejara de llover.

Ella con la cara hundida en el hueco de la mano
veía pasar naranjas, raíces,
zamuros, tabaqueras,
sillas rotas, mariposas, hormigas de marfil,
todo resumido en cinco monedas.

Era una caliente mañana de enero,
y sin embargo llovía.
Podíamos cambiar la suerte por verduras.

Los zapatos con tacones de un metro
son los mejores pasadas las seis de la tarde.
Ella decía a los hombres
que era más alta que ellos.

Alguien sacude sus brazos velludos
y flacos en el mercado.

Ella entra en un descuido a contar
con cada uno de sus dedos su amor disperso.
El terciopelo comienza a despegarse

de los zapatos. Un mendigo de ojos azules
se le acerca.
No podía convertirse en hierbas.
Mientras, ella veía en los sabios ojos de él,
sus buenas costumbres.
Él comía su sopa de pescado con papas,
siempre lo mismo,
y sacudir las penas de los hombros.

Afuera seguía la lluvia.
Escuchábamos el ruido
de la quebrada crecida.

El mendigo abrochaba todos los botones,
desde el principio hasta el fin.
Trataba de escondernos a todas.
No podíamos movernos éramos de adobe.

Lo mejor era desear
que el mendigo se fuera a la corteza del mundo.

Nuestra gloria está en el río.

La promesa fue clara. De nuevo la estera
avivada por el fuego,
y el amor devolviéndose al deseo.

Ese día de enero,
ella continuaba mirando la lluvia,
y el aroma del primer beso.

ISABEL MADERA

A la memoria de mi bisabuelo Antonio Isabel Madera

Un baúl con pan negro, carne precocida,
y voces de la infancia

traía mi bisabuelo Antonio Isabel Madera
cuando se acercaba a la mesa,
a observar el pastel sobre hojas de amaranto.

Él cumplía años,

setenta y nueve servidos en pedazos iguales.

Nunca podíamos cantarle cumpleaños,
se marchaba antes del canto de la cigarra.
Todos quedábamos con la vela,
que nos miraba con remordimientos.

Así era él, cada vez que llegaba presentíamos
su olor a despedida.
Se lavaba la cara. También los pies.

«No me toquen».
Y tenía en el bolsillo de la camisa

a su amante,
quien no lo dejaba estar cerca del piso,
remolino de bronce
que lo hacía girar
hasta volverlo ceniza de huesos.

Él alegre sonreía.

Todos confiábamos
en que viviría eternamente.

Por eso lo dejábamos ir
con su sombrero tiznado por el sol.
Alejándose del techo.
Tratando de que el pudor
no le robara la sed.

Isabel Madera vive a cuatro cuadras
de la calle El Pozo.
Conocido porque duerme a las serpientes,
le pone dientes de oro,
sostiene el agua en el aire.

En una ocasión
trajo un pedazo de madera,
lo puso con rabia en el centro de la mesa.

«En esto se convirtió el amor, escríbanlo».

Salió y se quedó del lado de atrás
de la ventana,

y nos veía comernos el dulce,

con desespero
queríamos evitar que el amor se nos fuera.

UN MANUSCRITO DE PALO EN EL CIELO

Al poeta Santos López

En algún lugar oculto entre las raíces,
mi abuela escondía sus tres arrugas verticales
que acentuaban la profundidad de sus ojos.

En algún lugar las mujeres
tienen una abeja incrustada en la laringe
y lo que sudan es miel.

Lo apurado fue la lluvia
que llegó a desnudarnos a todas.
A ofrecer un cielo de madera,
sin el tiempo de mirarnos por dentro.

Muchas habíamos olvidado los ojos,
o nuestras piernas en alguna vidriera.

La penitencia es llevar un obsequio,
algo que parezca un regalo.
Lo mejor es apurarse,
estar allí cuando enciendan las velas,
aplaudir, abrazar y desear muchos años de vida.
Allá viene

el herrero, que siga de largo,
tenemos varios dulces sobre la mesa.

La vela se apaga a las cinco de la tarde,
la gente regresa a su casa
con los mismos zapatos,
que nadie olvide sus pies en el baño.

Lo siguiente es aprender a cuidarse
uno mismo,
tratar de que los labios no se queden
en la boca de otros.
Por eso acá
la gente baila, pero no se atreve a besar.

Olvidaron repartir los caramelos
después de la fiesta,
la idea era entregarlos,
para no sentir hambre y
no comer el cordero.

Otra vez un manuscrito de palo en el cielo.
Todos arrodillados,
con las manos juntas,
orando.

De nuevo, las mujeres se acercan al oído,
adivinando el susurro,
quizás digan que hablamos
con nuestras sombras

si nos acomodamos en las almohadas
y proyectamos los nervios
                                                  más allá de la arcilla.

«No espero que me canten».
Le oí decir a mi padre
cuando escribía su nombre
debajo de la tierra.

Lo leído fue escrito
hace mucho tiempo.
Otra vez la duda,
el olor a pescado
recogiéndose.

Es cuestión
de acostarse en una estera,
desmantelar los árboles hasta las canas
y dejar que brote el amor.

EN EL JARDÍN DE KORI
(2015)

QUE EL RÍO RESPONDA

Tienes grietas al atardecer
Nube amarilla que recorre los días
pastoreando el amor

El cielo vive dentro de tus aguas
cielo de madera caja de armario
capaz de encerrarnos y llevarnos lejos
muy lejos hasta el mar

Las hormigas dejan sus huellas al paso
La arena es estéril aunque hagas el amor en su centro
por eso la expulsas de tu cauce

Sol en el agua luna en la arena
Fortalecer el espíritu sin prescindir de Afrodita

Río fruta viva sin excluir la pasión ni el deseo
nuestra gloria está en tu ser de río
y somos testigos
de ese huevo de oro que yace en el fondo de tus aguas
Eres un abanico haces un guiño y nos llamas
Es el sueño dentro del sueño
donde la mujer limpia su pureza

Río vigoroso
alimento de nuestras venas
poderosa agua dulce hecha roca

Apiádate de nosotros

UNA CAMPANA SIN BADAJO

Un gong es el soporte de nuestra existencia

Fundidores y obreros conversan
acerca de cómo construir una campana
Seres con fe en lo que hacen
con años ablandando la tierra
en espera de que el viento cargado de lluvia
haga un verdadero barro
sedimento compacto
para fabricar la mejor campana

Los obreros se sientan a dibujar
cómo sería esa gran obra
La brisa les borra el diseño
Ellos hacen el dibujo de nuevo

Una campana caliente al mediodía
ha quedado dibujada en la arena
La imaginan frente a un santo madero
y una multitud de gente aplaudiendo la obra
Nunca faltarán los árboles
ni los refugiados oprimidos con sus llagas

Una campana sin badajo nos abriga
cuando el fracaso
a veces supone nuestra propia muerte

Sal piden los pájaros verdes
Sal cicatriza a los leprosos

Es antiguo el verano en el desierto
Parece un armario de viudas
Las cortesanas traen comida
y bebida a los hombres

«Estos obreros y fundidores son unos artistas»
Piensan ellas

Las cortesanas juegan con un badajo
¿Dónde hallaron el badajo?
Nunca fue dibujado en la arena

Estas mujeres respetan el silencio y no hablan
Parecen una sonaja muda

La cal se apodera de los sueños
El dolor sigue en el desierto
y en los ojos de una pantera negra

La muerte con sus cabellos esparcidos
con dorados y azules movimientos
ha hecho sonar
todas las campanas de la tierra

No somos nada

Al primer gong
hemos rasgado nuestros vestidos

Las campanas ya están cinceladas en el mundo
y no hay lugar para una más

Esta noticia devasta a los fundidores y obreros
Ellos soñaron con la ejecución perfecta
de un campanario de bronce

El verano se ha comido el hambre
Ha envilecido a los que aún tenían fe

No sé decir dónde queda este lugar
Lo veo regresarse a su sombra

Y allí, ¿es el eco quien trae
las campanas de la custodia?
Dice Czesław Miłosz

No lo sé

Cada vez que oímos un gong con badajo
La luna se torna hacia sí misma
La muerte se resguarda en nuestro cuerpo

FATA MORGANA

A Chefi Borzacchini

Dejamos caer la madrugada

Nace una anciana de cabellos blancos
Todos salen a la calle a celebrar

¿Es un espejismo el alumbramiento?

Las mujeres vuelan apilonadas
desde Japón Uganda México Ecuador Nigeria
quieren amamantar a la anciana

Doloroso misterio parir hijos aves
y espejismos
Es difícil ser una buena madre
si el agua nos falta

¿Dónde está la que parió en la madrugada?

Ella tiene las manos dentro de un saco de maíz
Muestra sus manos llenas de risas

¿Qué hacemos con el maíz y con la risa?

Cae la anciana recién nacida en el suelo
se arrastra con el vientre abultado
lleva un ataúd sobre su espalda

¿Cómo ha logrado confundirnos?
De lejos parece un árbol de papaya
de grandes pechos
de cerca un buitre que arquea sus cejas

¡Fata Morgana! dirán algunos

¿Es un espejismo el alumbramiento?

Aroma de jazmín Vientos de tierra
El barro alivia el deseo

La anciana cierra los ojos
Pide al cielo se apiade de tanto dolor

EN EL JARDÍN DE KORI

A mi hermana Belkis (Pepita)

Pepita mira cuán afónicos
los niños al abrir los regalos

Por encima la palabra se devuelve
a lo que nombra
a lo que cubre
luego de tus dieciséis meses de diálisis

Pepita vámonos de tiendas
Compremos todo tipo de juguetes
La muñeca Belinda que tanto te gustaba
Barbie bebé bicicleta yoyos Lego
Algo encontraremos

Debajo del lago
la voz del agua está agotada
La cubrieron de juguetes piñatas caramelos

Pepita observa cómo se ondula
tu cabello cuando ríes

Pasan los niños de ojos azules

y piel negra
Tocan el tambor y danzan en el jardín de Kori

Siéntate
es tiempo de tejer una bocanada de aire
Lavemos tus ropas
Cuidémonos

La princesa Kori tiene una casa de juguetes
con su traje de terciopelo
abriga poco a poco su cuerpo

Ella encaja con sus manos
cada una de las partes
de las muñecas y los juegos
Los niños la aman nosotras también

Y pensar que hay tantos niños que no han nacido

TEMPERAMENTOS
(Primera versión)

Ser una sombra tan tenue como el humo
Moverse con sigilo

Y que el ruido sea un ángel
un revoloteo de grillos azules
que a duras penas se pueda distinguir del amor

El amor con su collarín blanco
de lobo agotado y melancólico
con manos temblorosas
abre los ojales de mi vestido
y me levanta la falda hasta al borde de la cama

El ritmo nos cambia el temperamento

Los violines con sus melodías
que se cruzan unas a otras
soslayan la tristeza

¿Qué fuego es este?
Si lo toco se demacra

Hay fuerzas furiosas que forman el deseo
El deseo se apretuja se madura se exprime

En el bosque seremos suaves al palparnos
ansiosos por amar llamemos a los lobos
fieles a sus parejas
cuidan de sus manadas
afinan el apetito todo el tiempo
enseñan a enterrar los huesos
a lavarnos de adentro hacia afuera

Sebastián Bach templaba el sufrimiento

El cuerpo es lo último que hallamos al tocarnos

TEMPERAMENTOS
(Segunda versión)

Nombrar el agua sin hablar de su miedo

Aire y tierra insisten en forzar la culpa
al fuego hay que dejarlo intacto en su quebranto
sudor arena en la mañana
piedra dulce que cierra los ojales y las calas

La lengua se tizna al afinar

Dejemos la puerta abierta para templar el miedo

El temperamento aprieta transfigura
Es herencia

Corsé atado a nuestra sombra

THE LAST ONES

Mi hermana Solangel
atraviesa un callejón en ruinas
pisa duro los pedazos de piedra
bordea el desamparo sin lesionar sus pies

Rezo duelo plumas de aves
Entra a la Iglesia de
San Pablo en Guaicoco
para quemarse las manos
y olvidar el ahogo

Mi hermana ignora
lo que es una migaja de alpiste
cubierta de moscas
El desabrigo franquea el camino
She doesn't know how big it is

Solangel Claret
custodia su voz más allá de la mudez
anhela lo blanco del cielo
para clausurarse en él

Lo amargo se desprende desde lo entrañable
Hay un sitio

la duda está allí
en el vientre abultado de mi hermana
Su infancia ha sido recortada
sobre un fondo de oro
¿Acaso la infancia es una medalla?

Ella ha cambiado una noche enjuta
por un poco de agua fresca
Llegan los pájaros

Solangel recoge el alpiste y habla:

Los pájaros blancos y rojos siempre regresan
lo difícil es ser uno de ellos

BLANCOS ROTOS

A los 85 años de edad amar trae beneficios

El amor en su apetencia de abrazar el mundo
doblado sobre la noche
se quiebra
en el zigzag de una serpiente

¿Cuántos secretos reúne una mujer
a los 85 años?
Quizás uno o dos

Dónde anidan sus lágrimas
Quién sostiene sus tacones
Joyas hechas en platino de oro rosado
las usa en el cuello y en sus cabellos con trenzas

Cuando cubrimos nuestro rostro
ignoramos si somos viejas o niñas
manos de niñas a veces tenemos
y somos añejas a los doce años
Mientras crecemos vemos los juguetes achicarse

Dolorida la mancha
heredada de nuestros padres

A los nueve años dije «Estoy rota»
El amor siempre se acerca
en un estuche fácil de usar
y eso es una trampa

Qué goloso es el amor
amancilla todo lo que oye

El amor harapiento al mediodía
—Señora me da algo para comer

Una anciana en Ámsterdam o en Margarita
afronta todo lo que toca lo que huele
lo que ve lo que come
dilata cada hebra de sus cabellos

Una anciana en Madrid o en Antigua
lleva en sus manos la cicatriz de sus hijos
y el amante en sus rodillas

En el resto del mundo
los cuerpos sudados están sudados
sobre otros cuerpos

Entonces
¿Qué hacemos mientras se tiene veinte años?

Rompemos todo lo que sea blanco

HE VISTO UN LEOPARDO AL MEDIODÍA

He visto un leopardo a la orilla de mi cama
Quizás sea una abeja alzando vuelo
con su aliento afilado
Es un leopardo mudo
corre por los légamos de las riberas
ha bebido leche fría
y come las vísceras en cuencos de madera
Los muertos pueden estar confundidos
al verlo salir al mediodía

He visto un leopardo a la orilla de mi cama
Su deseo cuida mis sueños
Los peces lejos del mar sobreviven
solo para adorarlo

He visto un leopardo
a la orilla de mi cama
con su corazón lleno de nieve
He implorado su nombre una y otra vez
Él con sus fauces ennegrecidas
apenas me responde entre semillas
su sed de fiera me desgasta
Tal vez el leopardo ha sido herido
al mediodía

lo adivino por la lluvia de alpiste
que lleva en su cabeza

Es gloria olerlo
hasta que una lágrima de gozo me despierta

BITTEN

Oremos por la miel
raza que heredamos del sexo

¿Qué hay detrás de los oídos?

Néctar que avanza y bendice el sufrimiento
Guíanos en tu andar de oro

Estás expuesta al desafío de los reyes

¿Cómo se puede dormir erguido sin despertar?

Miel acoplamiento de bronce
Libera a los amantes de la esclavitud del vientre
De la mudanza de fe

Jarabe que desmorona el cielo en nuestra boca

«*No se puede conseguir paz evadiendo la vida*»
Es Virginia Woolf
Abeja de río

Enséñanos los primeros pasos
hacia el origen que nos da la voz

PARA QUEDARSE CALLADA

A las mujeres que están en cautiverio

Hemos tejido la piel a fuerza de llanto

Apenas oyen el canto del búho
el agua sobra y el hambre también

Las muchachas corren de un lado a otro
temen a la voz de los soldados
¡Son tan jóvenes!
algunas perdieron a sus madres
otras fueron apartadas de sus muñecas
y de su pedacito de tierra

La advertencia no fue oída
Ellas no quisieron esconderse
cuando pasaron los camiones
Pobres inocentes mostraron su olor
a jazmín y canela recién molida
Los hombres se fueron acercando
todo les parecía muy dulce
ante tanto resentimiento

Una voz murmuraba al final del día
que las niñas fueron llevadas
a un campamento
en la lejanía de un valle
«Le cambiaron los nombres
Tatuaron un número en sus pezones»
El resguardo recoge lo ido

Se oyeron disparos ruidos alaridos
El viento movía la arena de un lado a otro

Todos perdieron el rostro entre tanta polvareda

No se sabe si fue en la mañana o en la noche
(el tiempo se puso del lado de la sombra)
cuando a la niña de trece años
le pintaron los labios cortaron sus cabellos
la sentaron en una esquinita del cuarto

HADA TIERRA

¿Cómo duele el vientre de una mujer
que no ha parido?

Mi rostro mojado por el mar
oculto entre los pechos de mi madre

Tristeza o fatiga en el centro del cielo
y una melancólica hora que acobarda

Las manos enrojecidas de tanto trabajar la tierra

El sabor a parir llega a través de la placenta
Agrio como la orina de una cabra

La tierra bosteza siempre igual
Lo distinto es cómo tocamos el vientre
con los ojos
la carne en los huesos
la semilla en la vejez
y a veces con las manos

Difícil hallar la llave materna ¿Me comprendes?

Vivir tiene sentido y estar muerto también

RETABLO

Entra un cortejo de mariposas rosadas
anunciando la pasión de Cristo
Niños hambrientos comen pedazos
de panes rancios
Tienen las mejillas abofeteadas por el frío

«Se está construyendo un pueblo» me dicen

El monasterio lo diseñan al final de la calle
y en la otra cuadra está casi terminada
la construcción de un prostíbulo
Hay un juez un médico y un sacerdote que esperan
ser pintados en alguna escena
Eso no ocurre

El pintor atraviesa cinco tablas secundarias
e intercala la escena de un ahogado
No se ve por ningún lado
a la madre ni al padre ni al hijo

Estamos huérfanos

El agua limpia
toda la pintura del retablo

apenas quedan trozos de labios
y el amor doblado hasta la mitad del estómago

AMOR DULCE Y PRÓSPERO

Después del luto se fueron a dormir
hasta el día siguiente

Mientras dormían
vieron un rascacielos y a unos mendigos
que después de amarse una y otra vez
comían manzanas y fresas

En esta época ya no se acostumbra a amar tanto

SOLO LAS HORMIGAS

A Rafael González

No te asustes
caíste de la cama al dormir
las hormigas sintieron tu peso
y el sigilo de la sorpresa

Las plantas y los árboles emigran de un país a otro
en busca de una tierra fértil
que dé cerezos yerbabuena y eucaliptos

¿No es la primera vez que caes o sí?

Las palmeras sostienen bien el cuerpo
el ruido de la sombra al moverse
y el viñedo abajo esperándote

¿Desde cuándo no te peinas?
Es lo primero que le preguntan a uno
al caer al suelo

Dicen que los primeros cabellos nacieron
de raíces incrustadas en la tierra

DESESPERANZA
(Primera versión)

A qué edad la vida se vuelve tan dolorosa
con sabor a pan cocido
a cocodrilo recién salido de un río

El amor se acuesta en el estiércol de luz
en las cornisas
para que la piel regrese a otro cuerpo

Nunca sabremos qué tan lejos
estamos de esta tierra

El hielo es del color del hielo
aunque muerdas la piel a través de la camisa

En medio de las uvas
el sol apacigua el frío de este país disecado

La compasión con su traje de corbata y pantalón
lleva puesta unas botas

No te agotes
Si esta tierra está llena de uvas y pisadas
Seamos compasivos hasta el final de la tristeza

La mar nunca es para siempre
oímos el sonido de sus olas
siempre está muy cerca
con su traje de novia

Por qué limitamos lo sagrado

Transformarnos es una elección
Quedarnos deprimidos es otra cosa
Mejor echarle palas de tierras a la muerte
para que no despierte nunca

Estás abajo
Abajo estás tú

El amor se mueve debajo del amor
Se contiene aprieta se cierra
Todo lo que se va regresa aunque sea por agua

Hemos sido débiles y perezosos
Se trabaja y se come todo el día
El sol debajo de la arena

No abras los ojos
¿Acaso sabes qué es la desesperanza?

¿Quién de ustedes ha visto el norte?
Dicen que está a mil años de los árboles

Cuál es la duda
Cuál es exactamente nuestro lugar

Si el país se ha mudado a otro país

DESESPERANZA
(Segunda versión)

Cúbrete en la tumba
para no morir sola
donde la mudez tiembla
como lagartija que ondea las aguas
y desaparece entre las ramas
en un país donde las ranas con su incesante rumoreo
tropiezan con un paisaje muerto

Un sabor a petróleo en el rostro al levantarnos
adelgaza nuestro espíritu
dispara y nos obliga a encorvar los hombros
a mirar este suelo que se ha mudado a otro país
y nos ha dejado solo con la sombra

Hay un jinete frenético galopando
su caballo de fastuosas crines
ha dejado las puertas de las casas abiertas
que se mueven en torpe golpeteo

Aunque las ranas reanuden su canto
este poema declina con el día
con el miedo de quien huye al escribirlo
y se desploma a los pies del pantano

en la espera inútil de vivir
de enamorar esta muerte
que consume en silencio

LLUVIA

A Gabriela Rosas
A los niños en descuidos

La lluvia sigue allí

a las tres y cuarenta y cinco de la madrugada
está detenida frente a las casas
enternecida por el asombro de los niños
que no pueden dormir
y se acompañan con el ruido del agua
mitigando la congoja y el ahogo

¿Dónde está Dios
cuando se tiene seis meses o nueve años?

Vivir en Caracas Bangkok Londres Brasilia
o en cualquier ciudad del mundo
da lo mismo

Las moscas siempre estarán en la piel
y en el orificio de dios lastimado

Infancia Infancia Infancia
cuántas cosas te llegan antes del amor

¿DÓNDE ESTÁN LOS HUESOS?

A mi madrina Elisa Landaeta de Villegas
y a mi padrino Pío Cambera

Los huesos están escondidos
en la gaveta de la mesita de noche

Cuando se pierden los huesos
lo primero es escudriñar dentro de la casa
en los lienzos blancos
en las ventanas y en los vestidos de la cama

¿Dónde están los huesos?
hace días que no los veo

¿Vivirán en este florero de vidrio?
Algún fisgón me dijo que los vio
detrás de las cortinas del comedor
de la vecina que vive tres pisos más abajo

¿Dónde están los huesos
con los que mi madre Carmen Cecilia me parió?

¿Dios mío a dónde los asenté?
Me los habrá robado algún vientre

hambriento por parir
o el amante musculoso de la vecina
o están en la fábrica de lámparas

Tal vez los tiene la muchacha
que fue a confesarse
en la Iglesia San Pedro de Los Chaguaramos

¿Quién habrá robado los huesos que mi madre
me ha dado para que cuide?

Le preguntaré a Tibaide a ver si Chispita
está jugando con ellos

¿En qué mesa en qué cielo estarán descansando?

Se quedarían en el mostrador
de la bodega de Ponciano

Mi madre me llevaba en su barriga todas las mañanas
a comer cambures manzanos
pero si Ponciano murió hace 40 años
¿dónde quedaba su casa? ¿quién vive ahora allí?
es en los Valles del Tuy
estamos en Venezuela por si acaso

La vieja casa de Ponciano
fue expropiada en el 2012

La gente que la ocupa viene de distintos lugares

ellos en ningún tiempo sabrán quién era Ponciano
ni extrañarán sus cambures manzanos
ni su Malta Caracas
igual voy a preguntarles qué pasó
si no vieron una bolsa de papel marrón
que me dio María Antonieta
a lo mejor los obreros en un descuido
la fueron subiendo de piso en piso

¿No estarán en la azotea?

Madre mía respóndeme
Si ellos son mi soporte en esta vida
cómo ha sido posible tanta desidia de mi parte

CANCIÓN GÓTICA
(2017)

PIE DE LIMÓN
EN UN RESTAURANTE CHINO

El olor a limón blanco como tu piel

Tus canas y la mirada parcialmente en el aire
La blancura del Ávila recién caída la lluvia

Si me enseñaras qué es lo inmaculado del cielo
abanico-río que soy
a orar entre el mar y la miel
tal vez mi destino fuera otro dentro del tuyo

Sigue el olor a limón
El deseo da vueltas en pequeños círculos
Jugamos a regalar todo el dulce

Por culpa del viento
el fuego se volvió blanco

Tu ángel de la guarda y el mío calladitos
frente al mar

Tu voz casi muda
—La imagino tibia y acobija

Nadie impedirá que tus muertos y los míos
caminen juntos al borde del cielo

Llega el mesonero con las lumpias el arroz
el *pie* de limón

Complacidos
los dos estamos muy cerca de la boca
de las muchas bocas que somos

CIELO INACABADO

Un paño blanco
se extiende o se enrolla según aparezca el deseo

El cielo justo a mi lado
Figura transparente
Cuenta despacito los dedos de mis pies

Oigo tu respiración

El desgaste de las fieras del bosque
desborda mi voz mis manos mi rostro húmedo

Un cielo inacabado viene por nosotros dos
Pinta los cuerpos de bronce
Nos deja brillantes con pudor a mirarnos

Lo inacabado del cielo
el deseo de amarte
y no amar al mismo tiempo
está cuando nos miramos a los ojos y llueve
Llueve toda la noche sin darnos tiempo a cubrirnos

Con derecho solo a sentir frío

El agua tal vez nos ayude a terminar
el pedazo de cielo que falta

LA RISA DEL RÍO

El río inicia su danza después de la risa
Justo antes de que llegue la tristeza a los ojos

Tanto que pensamos   Mar abierto
Todo destella

Tú me abrazas fuerte en el fuego

—Vamos poco a poco
Tú lo has dicho   Yo lo dije
Los dos reímos

Miramos el bucare
Nuestras bocas recogen las semillas

Tú seduces con tus miedos
Me obligas a cerrar mi voz

—Ven que te abrazo —Piensas

—Ya estoy adentro —Repites una y otra vez

La cosecha de la tierra
está por salir

Te dejo temblando con olor a limón

Amén a todo

AMARILLOS
(Primera versión de una poética)

Bajel blanco al pie de la montaña

Turquesa de huesos quebrados
mueves o paralizas el mundo

Bosque tibio
Furia de pájaros que migran

Obsequias dulces a quien te vulnera
Dejas con impotencia a los que huyen

Culpable de la juventud

Vacío de recuerdos
¿Qué buscas bajo los árboles
sin epitafio
en esta muerte que te anuncia?

Ahuyentas a los animales feroces
Al amanecer los vientos se alzan para verte

¿Con qué voz cantas lluvias?
—*Heaven is mercy*

Tu aliento de amaranto
nos anida en el útero

Hacia ti las campanas de lirios
Los árboles de naranjas
se doblan

Las colinas arden violetas
Esperan compasión

¿Cómo puedes flotar en las batallas?

Apaciguas la guerra

—*The youngest*
—*One Last Olders*
—*Live at last in this life in the afterlife in the hereafter*

Los hombres con sus miedos
Virilidad que tiembla

Conoces la Muerte
La excitas por dentro

Cúbrenos con tus vidrios bajo la luna
¿Dónde vives?
¿Cuánto pesa tu garganta?

Amarillos
Ayúdanos a estar en nuestro cuerpo

AMARILLOS

(Segunda versión de una poética)

—Älskar (Amor)
El deseo en tus manos huele a mar

Ayúdanos
a ver las manos siempre

a elevar nuestras plegarias al desabrigo

Contemplas
cómo abre y cierra nuestra vida
aquejada de insomnio

Vives en Amarillos
en el instante único en que nos amamos

Apiádate de nuestra indolencia

EL SUEÑO DE FRANKENSTEIN

El agua un vuelo para entrar al mundo
Los pájaros un cauce para salir de él
Cuando el fuego sostiene nuestras almas
Todo es devorado por la tierra

—Así nace el amor

UN TROZO DE CANELA
(Primera versión)

Un pedacito de canela en la boca

Limpia los pecados
que le impusieron
a las palabras

Almorzamos sigilosas
junto a los ecos de la noche

Ambición
Los vestidos las carencias los amantes

Seguimos calladitas
Nada que estorbe en esta casa grande
con corredores estrechos
manchados de aliento

Los recuerdos al descuido
se mueven como si estuviera tronando

—Nadie quiere recordar
Las nubes regresan al miedo
Se oyen las voces de nuestras abuelas

—Mañana las mujeres iremos al mercado
a comprar los ingredientes
para hacer arroz con leche
y dulce de coco

Otras voces repiten

—Y ralladura de limón

UN TROZO DE CANELA
(Segunda versión)

Con canela escribimos un poema
uno pulcro para cada mordedura

El arroz no lo olviden
se compra en el mercado

Las mujeres acomodamos nuestros pezones
debajo de la blusa
para que no se asomen tanto

—Venimos a esta tierra a cambiar
un trozo de canela
por un poquito de afecto

ESPEJO

(Primera versión)

Joven raptor que en el cielo se vuelve oro

Qué bien luce su vestido de algas:

Río agua
Río fuego
Río tierra
Río aire
Río éter
Río con incrustaciones de huesos
Y pestañas de cayenas

Mi humilde respeto

ESPEJO
(Segunda versión)

Amor

La agonía del sol ya comienza

Amor agua
Amor sol
Amor tierra
Amor bejucos florecientes
Amor hielo
Amor subterráneo
Amor mínimo
Amor desmesurado

El estremecimiento se hace animoso con la tarde

Te invocamos para destruirte

CANTO PARA UN COCODRILO
(Primera versión)

Por un atajo el deseo se transforma

Tú vienes hacia mí
como un tren sobre el mar
con un íntimo sagrado anhelo

Me dueles
Cocodrilo

Los árboles por doquier
nuestras manos recogen
flores de manzanilla

Nos sentamos juntos a mirar el Bucare

Aprieto los labios
Te escucho muda

Cocodrilo
acaricias los rizos de mi cabeza
los disimulo bien al peinarme

Llueve detrás del mar

La tierra
sigue abriendo mi boca
por eso llueve

CANTO PARA UN COCODRILO
(Segunda versión)

Te acercas a la orilla

Me baño
Me miras
Sonrío con un abanico en las manos

Cocodrilo

La tristeza en tu voz
Lo marchito se vuelve oro

Me sigo bañando
Aparezco y desaparezco

Tu deseo te impulsa hacia el río

Cada vez te inclinas más
con tus escamas abiertas de colores

En un descuido del viento
Caes al agua

Me sigo abanicando

LEOPARDO BLANCO DE LAS NIEVES

Tus garras sobre la nieve

a seis mil metros de altura
en el Himalaya

Acudes al llamado de una campana sin badajo

—¿Qué haces en el mediodía más profundo
cuando la sequedad llama tu sangre?

—Qué pelaje tan suave

Tu furor tiene como corazón a la ternura

—¿Cuántos rostros moldeas con tu lujuria?

Frente a ti las mujeres no tenemos otro destino

Dejar que veas el cielo desde nuestros ojos
y nacer otra vez

TÚ ME ESTÁS VIENDO
(Primera versión)

Revisas unas hojas de papel
(tu mano derecha descansa en la barbilla)
Tal vez sea el examen de un alumno

Quizás el boceto de un poema

Siento el ruido de papel apretado en el puño
Y la historia de un dolor tu dolor
acallado con el tiempo

No puedo sostenerte la mirada si te hablo
Ni tampoco cuando te quedas en mis ojos
como si estuvieras suplicándome
que te deje entrar
y quedarte el tiempo necesario
para hacer una plegaria juntos
interrumpida porque esa sensación
de frío en las piernas
se hace tibia y te pide
que salgas erguido a recorrer los bosques
aunque prefieras el mar

Piensas que tomas mis manos
queriendo que yo responda tus dudas

Crees
el silencio es absoluto
Pero este poema ha de ser palpable y mudo
como vuelo de pájaros

Veo las montañas pasar de un lado a otro

Un coro anuncia
cómo tu deseo viene a cerrarme con tu aliento

Tú estás del lado norte del río
En esta ciudad que nombran
desde hace años Caracas
un lugar que ha perdido hasta los huesos

Tus pies muy blancos ¿dónde están?
¿Se volverían frágiles por tanta caricia mía?

Deseo ocultarme dentro de esta miel
huir del silencio de los carros
o de la súplica del amolador
anunciando la primavera

Aunque estemos juntos un día o un siglo
insistimos en avivar el fuego blanco

Y el apetito apenas despierta
en nuestros cuerpos

TÚ ME ESTÁS VIENDO
(Segunda versión)

Tú me estás viendo
amarte muy adentro

Quiero que veas
los árboles de Acacia
la Cañafístola
las flores de Amapola
en los meses de marzo abril y mayo

Quiero que veas
el brillo de oro que atraviesa
una vez en nuestras vidas

Tu cabeza de guerrero   Tu linaje de rey

Tú me estás viendo

Me deseas y todo pasa

EL CARRUAJE

Parece una vieja capilla
quebrada
a punto de caerse
—Cuidado te cortas
dijo el hombre adentro del espejo o del carruaje
La muchacha ve una gota caer

Amar siempre es una ofrenda

CANCIÓN GÓTICA
(Primera versión)

Con su levita en el brazo derecho
y sus ojos marrones se baja del coche

Los lobos aúllan

El sonido de las pulseras de bronce
eriza las hojas de los árboles

Veo al caballero acercarse

Los animales también

¿Acaso estoy soñando?

¿Hay pasión dentro de los tulipanes
en noches tan frías?

El hombre a mi lado en la estrecha calle

En un descuido
la zapatilla se me sale de los pies

El caballero sigue adelante

Quedo atrás agitada en el aire   Grito
Nadie me escucha
La pasión saca su hacha finamente cortante

Al día siguiente   El hombre del coche
dispuesto a otra guerra
sin hacha   imagino
solo con su virilidad y apellido   también

Pero en un guiño de los tulipanes

Él me ve…

CANCIÓN GÓTICA
(Segunda versión)

Tu voz de corteza de árbol me esconde

Si el suelo está cuajado con pétalos caídos
¿Por qué apareces de blanco
con una camisa de lino?

Una cama junto a los frutos
en flor de la estación
Tú los comes despacio
                                        incluyéndome

No se puede amar
en presencia de nuestros muertos

Tu rostro blanco y suave
El olor de tus manos a verde hierba
me sostiene

Tu aliento de limón entra y sale
de la única boca mía hallada en la selva
Acaricias entre colinas mi piel morena

Las mujeres danzamos dentro del templo
alrededor de las curvas y de los bosques de pino
que aquí y allá corren abajo como fuego

—¿A qué se debe esta prisa?

Los lobos siempre regresan

CANCIÓN GÓTICA
(Tercera versión)

Despiertas en las alturas
Las bombas van y vienen por los aires

Tu voz es tenue

Vuelo sobre ti con la fuerza ¿de qué ave?
si nos quitaron
la única que podemos nombrar

La gente lastimada llora
El gas les entorpece el sueño

Se dijo que el destino podría ser excelente en primavera
No es cierto

—Todos siempre perdemos algo

Me abrazas

MIEL PARA UN CABALLERO
(Segunda versión)

Hay un caballero en el Caribe

que enciende una lámpara
en una isla de sal

Una semilla roza su mente

Gime por ese olor a limón
en la noche celada por la lluvia

Su ardor no puede quemarlo

La isla hace su risa casi inmortal

Hay un caballero que entra
seca la madera

Abierto con sus rodillas de oro
tibio en el agua más profundamente fría
amado por el grito de mi nacimiento
en toda esta tela descalza

Hay un caballero enamorado
con todo el mar dentro del río

Amante de mi tibieza
espera

MONEDA
(Primera versión)

Una moneda de plata roída
limpia al pasar la lluvia

Refleja las facciones de un rey celta

Lo imagino con sus manos arrugadas
sacudiendo con desenfado los bolsillos

A lo mejor este rey   un tirano
¿de qué maleficio habrá surgido?

¿La gente aún llora su odio?

¿Será un rey
abandonado a la suerte por su pueblo?

No sé la historia de esta moneda
Tampoco sé de qué me servirá saberla

La vida siempre más sencilla que una moneda

Tal vez hallada por unos marinos
en el blando hueco vacío que hacen las olas

MONEDA
(Segunda versión)

Una moneda vale por todas

Hay unos cinturones
de diademas femeninos esculpidos
en los mínimos detalles de su dorso

¿Las mujeres de entonces usaban máscaras?
¿o envolvían sus cuerpos en hojas de bananas?

Lo que agita mi atención
el diálogo amoroso
de un joven ahogado en una marejada de encajes
y una doncella estrangulada

¿Por qué esta moneda
tiene sofocante oscuridad?

No quiero seguir viendo esta moneda
Ni hallar el riesgo
de que estos amantes sean unos dioses

Esta mañana de mayo
sentada en este café de Los Palos Grandes
la dejo sobre esta mesita

con sus dos amantes
que en la última caída
el amor les anunciaba una muerte feliz

HALAGOS

La Madera con sabor a miel canta:

—Definir el carácter o no hay boda

Bordados artesanales del gusto
la madre y la suegra lo piden

La desposada con matices
de champagne en las mejillas
pinceladas de duraznos en los labios

Cordeles trenzados en hilos de plata
halagos al futuro marido

Las formas las líneas y el horror
por cuenta de la novia

Nadie pregunta por el corte sirena del vestido
Ni tampoco cómo se siente
Ni por qué llora tan sola

Hace siglos llegaron las mujeres al Castillo
¿Cómo devolverlas a la tierra?

Aun predominan aplicaciones
broches bordados en plata

La seda el tul la muselina
para el escote

Oraciones a Nefertiti a la Virgen María
a Cleopatra y Afrodita
hacen las pequeñas ignorantes
que quieren ir al Castillo

Mi sugerencia   vayamos todas al Castillo
aunque sea una vez en nuestras vidas

HALAGOS
(Variación)

El cielo se arrodilla

No conocemos otro lugar a dónde ir
¿O sí?

Mujeres guerreras disfrazadas de hombres
escapan de los barcos

Las embarazadas
creen van a parir hijos de reyes

En el Castillo con los brazos abiertos
¿quiénes esperan a las mujeres?

Van de primero
la noche los reyes el viento

hasta el hierro hace su esfuerzo y entra

Una vez que llega la novia

las puertas se cierran

WO IST DIE LIEBE?
(Primera versión)

Al volverse ancianas
algunas mujeres se preguntan
—*Wo ist die Liebe?* (¿Dónde queda el amor?)

Vestida de largos
Sentadas zurcen las telas
recordando si realmente
alguna vez han escuchado su nombre

Pasan parte de su vida
tejiendo y destejiendo
¿Lo habrán hecho alguna vez?
¿Quién dice que Penélope
se juntó con Odiseo solo para parir a Telémaco?

He visto a mi abuela Estefanía y a mis tías
arrancar los tamarindos
y las mandarinas de los árboles
colocarlos en cestos
llenos de enseres para coser y tejer

Hablan entre ellas en voz baja muy baja
casi en murmullo
si alguna ha encontrado ese lugar

Es el último sueño que tienen
antes de recoger sus maletas e irse
Esa costumbre de partir
sin ningún adiós

En silencio se marchan
sobre los dedos de sus pies
inclinadas
para no gastar fuerzas
y reservar las lágrimas

Ya no regresan

Las que se quedan en sus casas
rezan por las valientes las guerreras
que parten solas o en grupos

El amor acostumbra mudarse

Cada vez que llega a una casa   huye

Algunas mujeres han tratado con el amor

Pero cruel
después de hacerlas felices les arrebata el deseo

Duermen agradecidas

WO IST DIE LIEBE?
(Segunda versión)

Los hombres son los últimos en morir
y los primeros en decir
dónde queda el amor (*Wo ist die Liebe?*)

Esto crea dudas
Sus rostros los delatan

Esa tristeza que los quiebra
y los anima a mirar a los árboles durante horas

Al llegar a viejos
algunos se preguntan
si de verdad conocen el amor
o si realmente le abrieron la puerta
al silbido de una sombra
que alojaron
conmovidos en sus cuerpos

—Parece que fue a una sombra

Murmuran las ancianas en la misa
Las más jóvenes responden

—Pero estos hombres se sientan
en las afueras de sus casas
con sus nietos sus hijos y mujer

Al caer la tarde
las ancianas escuchan cuando preguntan

—*Wo ist die Liebe*?

Ellos hacen un esfuerzo por recordar
algún aliento un dolor una cicatriz

Pero no hallan nada

HERMOSAS PERDEDORAS

Es antiguo el verano

El amor se baña
en los lagos arroyuelos y mares

A veces
vemos los pueblecitos o castillos
en la cúspide de empinadas colinas
desde donde algunas mujeres pasan horas
recostadas de las paredes
en espera de que llegue la noche
y las acompañe a trabajar

—El deseo se aleja una vez que muerde

Piensan ellas cansadas de ser
un silencio acumulado en las almohadas
al descuido
en las habitaciones
reviviendo una y otra vez el mito

Tienen hambre   Lo sé
Lo murmuran al regresar en la madrugada
y se limpian con un pedazo de algodón con yodo

Hay que manchar lo ya manchado

¿Acaso ellas sabrán quién es Afrodita?
¿De qué les servirá saberlo?

Dicen que trabajan por un pedazo de pan
unas zapatillas de moda
o un rouge
que les ayude a disimular el maltrato

—¡Son tan hermosas!

Se mueven de un lado a otro

Mirarlas de cerca no es fácil
con gracia lanzan sus sueños al aire
como lirios lo devuelven a sus rostros

Siglos de esfuerzos
reciben una orilla de agua

Bailan sobre un solo pie
con zapatos de un metro de alto

Ellas bajan o suben a sus casas
con comida para sus hijos o para el alma

El amor les quita todo
Esto lo descubren cuando ya son viejas

En silencio lo dejan ir   una noche más

CAMARONES DE RÍO

Hoy el atardecer está más claro que otros días

Los camarones se cubren con un chal
La resaca del río los lleva hasta la arena

¿Quién se precipita
sobre las rocas

sin morder la carne sensible de los seres
que se bañan
mientras oyen voces a lo lejos?

¿Es posible entender el agobio
el cansancio extremo de estos pequeños
que libran una lucha
en que lo vivo es diferente
de lo inerte?

La palabra no alcanza los movimientos
de amor-odio
que suceden en el cielo

Parece un remolino
que sostiene la existencia y la nada

quizás estos camarones
buscan en la sal su trascendencia

Viaje largo y doloroso hasta el mar

Cada mañana
pienso en estos camacutos

Multiplicados viven en parejas
Descansan en los arrecifes coralinos

¿Cuánta belleza en lo mínimo
en lo imperceptible
en lo que casi no se ve?

¿Cómo no detenerse en estas criaturas
semejantes a un vitral

en estas rocas piedras arenas movedizas
grietas
que le dan cobijo?

¿Cómo no enamorarnos de esta vida?

La única
hecha añicos
que se abre y se cierra al entrar
en el vientre de nuestra madre

ÍNDICE

MAGDALENA EN GINEBRA

Magdalena en Ginebra 11

CUIRA

Mi alma se ha ido a comer piña 31
He recibido orejas y miedos 33
El cordero es pan 35
Arrodillada 37
La boa 39
En la calle Rosa María 41

AMENTIA

Regina Coeli *(Hacienda Las Marías, entre La Rubia y la carretera vieja de Santa Lucía)* ... 47
Amentia (*Iglesia de San Pablo, subida de Carballo en Guaicoco)* 49
Regina Coeli (*Hacienda Las Marías, entre La Rubia y la carretera vieja de Santa Lucía)* ... 52
Amentia (*Iglesia de San Pablo, subida de Carballo en Guaicoco)* 54
Regina Coeli (*Hacienda Las Marías, entre La Rubia y la carretera vieja de Santa Lucía)* ... 57

Amentia (*Iglesia de San Pablo, subida de Carballo en Guaicoco)* ... 59
Regina Coeli *(Hacienda Las Marías, entre La Rubia y la carretera vieja de Santa Lucía)* ... 62
Amentia *(Iglesia de San Pablo, subida de Carballo en Guaicoco)* ... 64

MIELES

Devocionario ... 69
La concubina *(Primera versión)* ... 71
Miel para un caballero *(Primera versión)* ... 74
Lavandera ... 76
Aljibe ... 78
Costurera ... 82
Adobe ... 85
Isabel Madera ... 87
Un manuscrito de palo en el cielo ... 90

EN EL JARDÍN DE KORI

Que el río responda ... 95
Una campana sin badajo ... 97
Fata Morgana ... 100
En el jardín de Kori ... 102
Temperamentos *(Primera versión)* ... 104
Temperamentos *(Segunda versión)* ... 106
The Last Ones ... 107
Blancos rotos ... 109
He visto un leopardo al mediodía ... 111
Bitten ... 113

Para quedarse callada 114
Hada tierra 116
Retablo 117
Amor dulce y próspero 119
Solo las hormigas 120
Desesperanza *(Primera versión)* 121
Desesperanza *(Segunda versión)* 124
Lluvia 126
¿Dónde están los huesos? 127

CANCIÓN GÓTICA

Pie de limón en un restaurante chino 133
Cielo inacabado 135
La risa del río 137
Amarillos *(Primera versión de una poética)* 139
Amarillos *(Segunda versión de una poética)* 141
El sueño de Frankenstein 142
Un trozo de canela *(Primera versión)* 143
Un trozo de canela *(Segunda versión)* 145
Espejo *(Primera versión)* 146
Espejo *(Segunda versión)* 147
Canto para un cocodrilo *(Primera versión)* 148
Canto para un cocodrilo *(Segunda versión)* 150
Leopardo blanco de las nieves 151
Tú me estás viendo *(Primera versión)* 152
Tú me estás viendo *(Segunda versión)* 154
El carruaje 155
Canción gótica *(Primera versión)* 156
Canción gótica *(Segunda versión)* 158
Canción gótica *(Tercera versión)* 160

Miel para un Caballero *(Segunda versión)* 161
Moneda *(Primera versión)* 163
Moneda *(Segunda versión)* 164
Halagos 166
Halagos *(Variación)* 168
Wo ist die Liebe? (Primera versión) 169
Wo ist die Liebe? (Segunda versión) 171
Hermosas perdedoras 173
Camarones de río 175

Esta primera edición de *Que el río responda*
se acabó de imprimir en Madrid el
10 de diciembre de 2024, centésimo
nonagésimo cuarto aniver-
sario del nacimiento de
Emily Dickinson.